Gödecke, Kröner, Meyer, Rolka,
Steinrueck, Thriemer, Torunsky

Ein siebenfacher Blick auf die Priesterweihe

The Priest Ordination – Seven Perspectives

D1666261

Gödecke, Kröner, Meyer, Rolka,
Steinrueck, Thriemer, Torunsky

Ein siebenfacher Blick
auf die Priesterweihe

The Priest Ordination –
Seven Perspectives

Ausgabe in deutscher und englischer Sprache

Urachhaus

LOGOS-edition, Band 4

März 2023

Englischer Text: Mary Graham

ISBN 978-3-8251-5374-8

Erschienen 2023 im Verlag Urachhaus

www.urachhaus.com

 Entdecken Sie weitere Bücher aus dem Verlags-
bereich Religiöse Erneuerung und Kulturgeschichte
urachhaus.de/religion

Liebe Leserinnen und Leser,

wir freuen uns, Ihnen den vierten Band der LOGOS-edition im Verlag Urachhaus überreichen zu können. Diese Reihe geht auf die internationale Tagung der Christengemeinschaft zum Beginn ihres zweiten Jahrhunderts im Oktober 2022 in Dortmund zurück. Die Begeisterung der Teilnehmer an den inhaltlichen Beiträgen führte zu der Idee, ausgewählte Vorträge zu verschriftlichen und einem größeren Kreis von Lesern in einer zweisprachigen Ausgabe zugänglich zu machen.

Im Vorbereiten der Reihe kam scherzhaft aber durchaus treffend die Wendung »Veröffentlichung aus dem Zukunftsarchiv der Christengemeinschaft« ins Spiel. Bereits während der Tagung, aber auch beim späteren Sichten der Vortragsabschriften hatten wir immer wieder den Eindruck, dass die lehrende Seele der Christengemeinschaft, von der Rudolf Steiner 1924 sprach, hier durch den Mund der vielen Redner auf vielfältige Art und Weise aus der Zukunft heraus wieder spricht.

EEs war für viele Beteiligte eine besondere Herausforderung, aber im Rückblick auch ein großes Erlebnis des Zusammenhalts, dass während der LOGOS-Tagung

5

an jedem Morgen eine Priesterweihe vollzogen werden konnte. So lag es nahe, dass die Mitglieder des Siebenerkreises zu einer Stunde eingeladen haben, in der sie aus verschiedenen Perspektiven Aspekte dieses Sakraments beleuchtet haben. Vor der Tagung war die Entscheidung gefallen, dass die Oberlenker Oliver Steinrueck, João Torunsky und Christward Kröner alle drei in den unmittelbaren Vollzug des Sakraments einbezogen sein würden. Gemeinsam mit ihren Lenkerkollegen Gisela Thriemer, Susanne Gödecke, Stephan Meyer und Jarosław J. J. Rolka haben sie die hier vorliegenden Betrachtungen gestaltet. Die Übergänge von einem zum anderen Motiv der Priesterweihe gestalteten Aileen Nowaczek (Flöte) und Richard Nowaczek (Violine) als musikalische Improvisation. Es ist den beiden Künstlern gelungen, eine einmalige Klangqualität im Raum entstehen lassen, die das Reden und Lauschen durchdrang und fortführte.

Wieder gilt unser großer Dank Michael Stehle und dem Verlag Urachhaus, die unsere Idee freudig aufnahmen und die zeitnahe Herausgabe der LOGOS-edition ermöglichten. Danken möchten wir auch Isabel Becker und Ulrich Meier für die Übernahme der redaktionellen Arbeit. Nicht zuletzt gilt unser Dank jedoch den Vortragsrednern für die Bearbeitung und Durchsicht der Manuskripte. So können im mehr oder weniger monatlichem Rhythmus weitere Ausgaben folgen und als Inspirationsquelle anregend für das zweite Jahrhundert der Christengemeinschaft weiterwirken. Am Ende des Buches finden Sie eine Übersicht über den Fortgang der LOGOS-edition.

Die Herausgeber
Martin Merckens – Jarosław J. J. Rolka
Stuttgart und Bochum, 1. März 2023

Dear Readers,

we are pleased to present to you with this contribution already the fourth volume of the new LOGOS-edition published by Verlag Urachhaus. The series goes back to the international conference of the Christian Community at the beginning of its second century in Dortmund in October 2022. It was the warm interest and enthusiasm of the participants for various contents that led us to the idea of putting some of the lectures given at the conference on paper and making them accessible to a wider circle of readers.

It was a special challenge for many of those involved, but in retrospect also a great experience of cohesion, that an ordination to the priesthood could be carried out each morning at the LOGOS conference. So it was natural that the members of the Circle of Seven invited to an hour in which they looked at aspects of this sacrament from different perspectives. Before the meeting, the decision had been made that all three of the leaders Oliver Steinrueck, João Torunsky and Christward Kröner would be involved in the immediate execution of the sacrament. Together with their steering colleagues Gisela Thriemer, Susanne Gödecke, Stephan Meyer and Jarosław J. J. Rolka they created the reflections presented here. Aileen Nowaczek (flute) and Richard Nowaczek (violin) created the transitions from one to the other motif of the priestly ordination as a musical improvisation. The two artists showed the ability to create a unique sound quality in the room that permeated and continued the speaking and listening.

Again, our great thanks go to Michael Stehle and the publishing house Verlag Urachhaus, who joyfully accepted our idea and made the timely publication of the LOGOS-edition possible. We would also like to thank Isabel Becker and Ulrich Meier for taking on the editorial work. Last but not least we would like to thank the lecture speakers for editing and reviewing the manuscripts. In this way, further editions can follow at more or less monthly intervals and continue to have a stimulating effect as a source of inspiration for the second century of the Christian Community. At the end of the book you will find an overview of the progress of the LOGOS-edition.

The Editors
Martin Merckens – Jarosław J. J. Rolka
Stuttgart und Bochum, March 1st 2023

Ein siebenfacher Blick auf die Priesterweihe

I.

Oliver Steinrueck

Im Blick auf die Entstehungsgeschichte des Liturgischen in der Christengemeinschaft wird aus geistigen Gesetzmäßigkeiten heraus eindeutig, dass es sieben Sakramente gibt und geben sollte, von Anfang an. Aber wie diese sieben bei der Gründung zusammengekommen sind, ist eine spannende Geschichte und ganz unterschiedlich für jedes Sakrament. Wir finden eine reiche Skala von Verschiedenheiten ausgebreitet. Manche Wortlaute waren schon da, bevor die Christengemeinschaft ganz auf die Erde kam – so wurde die Taufe zum Beispiel ein Jahr zuvor einem evangelischen Pfarrer überreicht –, und schließlich kamen alle zusammen in dieser Siebenheit.

Bei der Priesterweihe war das so: Ein Jahr vor der Gründung, im Herbst 1921, traf sich Rudolf Steiner mit einer großen Gruppe von Theologen, die in Dornach zusammenkamen, um sich mit der Sicht der Anthroposophie auf das Christentum zu beschäftigen. Aus dieser Arbeit

ist die konkrete Initiative zur Gründung der Christengemeinschaft hervorgegangen. Rudolf Steiner hat in diesem
Kurs über alle sieben Sakramente gesprochen, auch über
die Priesterweihe. Wenn man anschaut, was er damals, ein
Jahr vor der Gründung, dazu gesagt hat, kann man eine
ganz spannende Entwicklung entdecken.

Er beschreibt, welche Elemente zu einer Priesterweihe gehören. Erstens sei es wichtig, dass sie in der
Stimmung von Johannes 14 geschieht, wo vom Gehen
des Christus zum Vater die Rede ist. Weiter muss die
ganze Stimmung und das Ereignis dabei sein, das man
im 11. Johannes-Kapitel lesen kann, die Geschichte von
Lazarus, also Tod und Auferweckung. Das ist ein ganz
zentrales Thema für das Priesterwerden. Dazu kommt
noch die Beschreibung einer Ölung – ganz wichtig, gerade für den Schwellenübergang in der Priesterweihe.
Auch das Evangelium wird in dieser Feier gelesen. Weiter gibt es ein Wort, das von dem Kandidaten gesprochen werden muss, wodurch er ein Gelöbnis ablegt. Es
muss ein »Ja, so sei es« als Teil der Handlung ausgesprochen werden. Es werden auch Gewänder – Stola
und Messgewand – übergeben. Der Priester-Kandidat
soll als Teil der Weihe (es ist nicht ganz deutlich wie)
Worte der Wandlung sprechen und die Wandlung han-
delnd vollziehen. Er wird die Kommunion nehmen.
Ihm wird schließlich ein Barett, eine Kopfbedeckung

übergeben. Es wird eine erste Predigt sein, eine Probepredigt.

Wenn man Kandidaten etwas näher auf ihrem Weg zur Weihe begleitet und die Elemente um die Weihe herum bedenkt, kann man erkennen: Alle diese Elemente sind bei der Gründung 1922 und auch in unserer heutigen Weihe wiederzufinden, aber nicht begrenzt auf die Priesterweihe selbst. Sie sind alle vorhanden, aber verteilt auf verschiedene Vollzüge vor, während und nach der Priesterweihe. Der Weg der Kandidaten im Seminar, so kann man zusammenfassend sagen, ist der Weg von Johannes 14: das Finden des allumfassenden Göttlichen durch den Christus. Der Kandidat legt ein Gelöbnis ab auf dem Weg zur Weihe, einige Tage davor; und dieser Vorgang hat einen Nadelöhr-Charakter, eine Art Sterben und Geborenwerden, wie man es bei Johannes 11 in Tod und Auferweckung des Lazarus erleben kann.

In der Priesterweihe selbst erfolgt die Ölung, das Empfangen von Stola und Messgewand (Casula), das Lesen des Evangeliums, auch ein »Ja, so sei es« wird vom Kandidaten ausgesprochen. Später gibt es eine Barettübergabe, vor dem ersten Zelebrieren, der Primiz, in der der neugeweihte Priester die Wandlung, ja die ganze Handlung vollzieht. Etwa eine Woche nach diesem Ereignis kommt die erste Predigt – eine Art Probepredigt. Das alles umfasst, was man den »Weihevorgang« nennen kann.

Ein Jahr nach Rudolf Steiners erster Darstellung der Priesterweihe-Elemente kommen die Gründer wieder in Dornach zusammen, eine viel kleinere Gruppe von 45 Pionieren. In dieser Herbstzeit kurz vor Michaeli erfahren sie, dass sie alle geweiht werden, aber wie das Ereignis Schritt für Schritt vor sich gehen wird, die Komposition der Elemente, wissen sie nicht, geschweige denn Form und Wortlaut der Priesterweihe. Was dann geschieht, ist deutlich anders als das ein Jahr zuvor Beschriebene, aber doch innerlich verwandt. Die Priesterweihe erscheint so, wie wir sie heute kennen. Zwischen Herbst 1921 und 1922 ist etwas geschehen. Man kann sich überlegen – ich lebe schon lange mit dieser Frage: Wie ist es zur Offenbarung dieser neuen Form gekommen? Inwieweit hat das mit Michael zu tun, der in unserer Epistel als »Hüter vor dem Weiheopfer« benannt wird? Er steht uns als Hüter natürlich nicht nur in der Michaeli-Zeit, sondern in jeder Menschenweihehandlung bei. Was in der Gründung geschehen ist, dass die Priesterweihe nicht als für sich stehendes Sakrament, sondern ganz aus der Menschenweihehandlung selber kommen konnte, das war ein neuer, ein michaelischer Schritt. Die Menschenweihehandlung öffnete sich und die Priesterweihe kam hervor wie aus den Fenstern, aus Türen zwischen den Teilen der Menschenweihe-handlung. Ich empfinde das als einen michaelischen Moment, dass aus dem Allerheiligsten, das uns als Bewegung für religiöse Erneuerung anvertraut wurde, die Priesterweihe hervorkommt.

Unter suchenden Menschen lebte schon immer die Frage nach dem Heiligsten, dem Intimsten. Das ist in vielen religiösen Bewegungen so: Wenn man innerlich reif genug ist, darf man noch tiefer in die verborgenen Geheimnisse gehen. Was gibt es an dieser Stelle in der Christengemeinschaft? Gibt es noch heiligere, tiefere Handlungen, vielleicht nur unter Priestern oder im Siebenkreis, unter den Oberlenkern? Nein! Es liegt in der Natur des Christentums, anders als bei allen alten Mysterien, dass das Heiligste öffentlich für die ganze Welt geschieht. Das Heiligste, das wir als Christengemeinschaft pflegen, ist tatsächlich jedem zugänglich, ganz offen in jeder Menschenweihehandlung: die Wandlung von Brot und Wein. Und aus diesem Allerheiligsten kommt jetzt die Priesterweihe, sie tritt zwischen den Teilen hervor. Dafür, dass das geschehen kann, denke ich, muss Michael, der Hüter des Weiheopfers, anwesend sein.

Und ganz in der Mitte dieser Priesterweihe kommt dann die michaelische Frage an die Kandidaten nach dem Ernst! Sie werden gefragt, ob sie in diesem Augenblick den Ernst fühlen: »Fühlest du den Ernst des vorangehenden Teiles deines Werdens?« Man kann darin Michael nahe fühlen, wie er in unserer Epistel beschrieben wird, wie er Ernst ausstrahlt, der das Herz für Christi Milde vorbereitet. Und die Kandidaten antworten: »Ja, so sei es.« Dazu kommt, erst von dem die Weihe Vollziehenden, dann vom Ministranten, und schließlich von der ganzen Priesterschaft ein großes »Ja, so sei es« als Antwort. Dieses gegenseitige »Ja, so sei es« bringt ein Trauungselement in die die Priesterweihe hinein. Sie wird in diesem Moment zu einem heiligen Hochzeitssaal, inmitten des Allerheiligsten, inmitten der Menschenweihehandlung.

II.

Susanne Gödecke

In den Episteln (Zeitengebeten) tritt in jeder Festeszeit ein Aspekt der Christustat hervor. Als Gesamtheit bilden sie alles ab, was im Christusmysterium enthalten ist. Das wird unterstützt durch die Stimmung der Farben in der jeweiligen Festeszeit. Als Totalpräsenz – aber viel gedanklicher – zeigt sich dieses Mysterium in unserem Credo, das jedem Gemeindeglied zum persönlichen Umgang zur Verfügung steht. Wenn es dann der Priester am Altar spricht, ertönt es in jeder Menschenweihehandlung mit, so dass jeder Einzelne einstimmen kann, wie er es vertreten will oder kann.

Die Kandidaten kommen zu Beginn der Priesterweihe so gekleidet herein, wie der Priester sonst das Credo spricht: nur mit Alba und Gürtel. Sie zeigen im Bild, dass sie das Bekenntnis vertreten. Man könnte daraus schließen, dass ihre Vorbereitung dazu gedient hat, das Bekenntnis sprechen zu können.

Zum Kosmos der Zeitengebete kommt in der Priesterweihe noch eine weitere Epistel hinzu: Sie ist das große Fundamentalgebet der Priesterweihe. In ihm wird der werdende Mensch charakterisiert, der bereit ist, den Dienst am Altar zu vollziehen. Wilhelm Kelber, einer

17

der Gründer der Christengemeinschaft, hat den Ausspruch getan: »Der Priester ist von Beruf Mensch«. Dieser menschlichen Berufung, »zu werden«, ist sein zukünftiges Leben gewidmet.

Der Zelebrant betet diese Epistel nach dem jeweiligen Zeitengebet, jetzt also nach dem Michaelibeginn, von der Mitte des Altars aus. Es wendet sich an den »ewigen Grund alles vergänglichen Daseins«. Mit diesen Richtungen sind schon beide Ebenen angesprochen: wir selber stehen in der Vergänglichkeit und blicken hin zum Vater, der aus dem Ewigen heraus dieses Sakrament spendet und es im Vergänglichen sichtbar und für das Unvergängliche entwickelbar macht. Ihm gegenüber wird gesagt, dass wir alle Ihm Nahende sind. Wir kennen dieses Motiv des Nahens bereits aus dem Opferungsteil der Menschenweihehandlung. Da werden wir durch den Opferimpuls zu Christus-Nahenden.

Und so wie man für das Geistige sagen kann, dass sich Wesen so nah oder fernstehen, wie sie einander innerlich nah sind, so kommen wir als Opfernde Christus nah als dem Wesen im Kosmos, das das Opfern selber schlechthin auszeichnet. Hier also in der Priesterweihe nahen wir uns dem Vater. Wodurch? Dadurch heißt es da, dass wir in Seinen Willen ergeben sind. Ein Motiv, das wir alle aus dem Vaterunser kennen und vielleicht vornehmlich auch aus der Beichte, in der uns zugesprochen wird, dass wir lernen können, unseren Willen als Gnadengeschenk zu empfangen.

Die zweite Voraussetzung, Ihm zu nahen, liegt im Warten auf Sein Licht. Ein adventliches Motiv, dass wir uns selber in der Finsternis stehend empfinden und hier sind, um Sein Licht zu erwarten. Dieses Erwarten ist neben dieser Ergebenheit sozusagen der Antrieb dafür, dass wir uns Ihm nahen. So wie jetzt in dem Michaeli-Zeitengebet anklingt, dass wir uns »in wahrer Heilessehnsucht« befinden. Was ist diese Sehnsucht? Vielleicht hat das mit diesem Erwartenkönnen zu tun.

Im weiteren Verlauf des Gebetes heißt es, dass der Vater den Kandidaten, der zu ihm kommt, werden lassen möge! Es ist das Erstaunliche, dass er nicht aus sich selbst heraus wird, sondern dass der Vater gebeten wird, ihn werden zu lassen. Der, der sich da naht, der zu ihm kommt, der möge ein Diener der Weisheit des Wortes und ein Pfleger Seines »weltheilenden Waltens« werden. Ins Griechische übersetzt soll er dafür ein Diakon und ein Therapeut werden. Dieses hohe Ideal, das für den Werdenden erbeten wird, verwirklicht sich erst im zukünftigen Tun. Wie alles, was wir als Ämter übernehmen, gilt auch hier, dass wir es leben müssen. So macht uns z.B. das Ausführen einer Patenschaft erst zum Paten. Das heißt, es beginnt ein Auftrag in die Zukunft hinein.

Schließlich kommt ein Einbruch, ein Schwellenmoment im Gebet, ähnlich wie in der Opferung, wenn es heißt, dass eine Mauer die Irrungen hindern möge. So wird der Vatergrund gebeten: »Hindere, wenn im Herzen unwürdig ist der zu dir Kommende ...«

Ein michaelischer Ernst weht einen da an, wie wir ihm ebenfalls in der Michaeli-Epistel begegnen, wenn es heißt, dass das recht entzündete Herzensfeuer Voraussetzung für die Kraft Christi ist. Dieses »recht« lässt einen wach werden. Hier nun lässt die Bitte um Verhinderung aufhorchen. Was heißt es denn, im Herzen unwürdig zu sein? Oder was heißt es, würdig zu werden, wie wir mit jedem Beginn der Menschenweihehandlung beten, dass wir sie würdig vollbringen mögen? Die Frage nach der Würde führt zurück zum Beginn des Fundamentalgebetes, in den Willen des Vaters sich ergeben zu wollen und Sein Licht zu erwarten.

Weiter heißt es nach diesem dramatischen Moment des Abgrundes: »Nimmst Du ihn zum Diener und Pfleger ...«. Diese priesterlichen Aufgaben, zu dienen und zu pflegen, um im Menschenwort Göttliches zu künden und im Menschenleben Gotteswollen zu offenbaren, werden durch die gesamte Weihe hindurch immer wieder genannt. Vollführen soll sie der Priester durch Christus, der aus sich heraus die Werdekraft hervorbringt. Man könnte sagen: Er ist als das Opferlamm

20

das Werdewesen schlechthin. Und als solches, so endet das große Gebet, trägt Er einerseits im Schaffen das ewige Sein des Vaters. Andererseits wirkt Er im Werden das ewige Geisteslicht. So klingt der Abschluss motivisch mit dem Ende des jetzigen Zwischengebetes vor der Opferung zusammen, wo wir wie einen Ruf Michaels vernehmen, dass das Himmelslicht fortwirkend durch das Wirken des Heilenden Geistes im Erdenmenschen nicht erlöschen solle.

III.

Stephan Meyer

Die zu Weihenden empfangen in der Priesterweihe Gaben. So heißt es: »Mit der Kraft der priesterlichen Würde wirst du hiermit begabt.« Das ist eine erste Gabe, die es den werdenden Priestern ermöglicht, Verkündiger des Evangeliums zu werden. Aber wir können weiter fragen: Welcher Art sind die Gaben, die da empfangen werden?

Rudolf Frieling hat uns ein sehr orientierendes Wort mitgegeben, indem er gesagt hat: Die Weihehandlung bildet die zu Weihenden. Das geht daraus hervor, dass die Weihevollzüge zum Priesterwerden der Menschenweihehandlung eingefügt sind. Das heißt, aus der Weihehandlung gehen die Kräfte hervor, die die Organe bilden, durch die der Priester dann selbst die Weihehandlung mit hervorbringen kann. Das folgt dem Organbildungsgesetz, das Goethe auch im Hinblick auf das Auge formuliert hat: »... und so bildet sich das Auge am Lichte fürs Licht.«[1] So können wir jetzt in Abwandlung sagen: Die Vollzüge, die zum Priester weihen, gehen aus der Menschenweihehandlung für die Menschenweihehandlung hervor.

---

[1] J. W. v. Goethe: *Zur Farbenlehre. Didaktischer Teil. Einleitung*

Das können wir uns jetzt im Hinblick auf die Verkündigung verdeutlichen. Wenn wir nach der Bildkraft des Wortes fragen, die die Verkündigung ermöglicht, dann können wir auf den Johannes-Prolog schauen. Der Johannes-Prolog ist die Verkündigung, die der zu Weihende erstmalig vollzieht. Der Johannes-Prolog spricht von dem Wort selber. Er kündet von dessen Ursprung, von seinem Werden und worauf es hinzielt. Aber die Kunde von dem Werden des Wortes kommt uns nicht nur aus dem Johannes-Prolog entgegen, wir erfahren sie auch von innen aus unserem eigenen Umgang mit dem Worte.

Der Johannes-Prolog[2] beginnt mit den Worten: »Im Urbeginne war das Wort und das Wort war bei Gott«. Es liegt im Wesen des Wortes, dass es über sich selbst hinausweist und etwas von seinem göttlichen Ursprung in sich aufnimmt. Diesen Wesenszug des Wortes erleben wir auch in unserem alltäglichen Umgang mit der Sprache. Jedes Wort ist ganz selbstlos und öffnet sich dafür, ein Geistiges in sich aufzunehmen. Jedes Wort ist der Träger eines Sinnes.

Dies führt dann weiter in das Werden des Wortes, in eine zweite Phase, von der auch der Prolog spricht. »Durch das Wort ist alles geworden.« Das Wort vermit-

---

2   Joh 1,1-6

telt das Geistige in das Sinnliche hinein. Daraus geht das Leben hervor, und als eine nächste Werdestufe wird das Leben im Menschen zum Licht. Auch davon haben wir ein Erleben in der Handhabung unserer eigenen Sprache. Wir können wahrnehmen, wie in der Wortbildung das Geistige in das Sinnliche einzieht, wie es in der Lautbildung im Wort Leib annimmt.

Damit geht das Wort in eine dritte Phase über. Im Johannes-Prolog heißt es da: »Und das Licht scheint in die Finsternis.« Indem das Wort Leib annimmt, zieht es in das Irdische ein und tritt uns Menschen gegenüber. Damit können wir ihm begegnen. Es kommt nun von außen auf uns zu. Das gibt uns die Freiheit, ihm zu antworten oder auch nicht. Auf Erden haben wir das empfangene Licht in unserem Selbstbezug in die Finsternis gewendet. Das trennt uns von unserem göttlichen Ursprung ab, gibt uns aber zugleich die Möglichkeit, uns aus freiem Willen dem Göttlichen bewusst zuzuwenden, wie es uns auf Erden entgegenkommt. Das göttliche Wort schafft selbst die Bedingungen dafür, dass wir ihm aus unserem Menschsein antworten können.

In unserem Umgang mit der Sprache können wir auch darauf aufmerksam werden, wie sich das Wort im Dialogischen verwirklichen möchte. Wir sprechen, um uns dem Anderen mitzuteilen. Als Gegenüber ist der Andere frei, uns aus seinem freien Willen zu antworten.

Derjenige Mensch, der urbildhaft diesen Dialog mit dem Göttlichen aus seinem innersten Wesen beginnt, ist Johannes der Täufer. Ihn spricht der Prolog unmittelbar mit Namen als Vertreter des Menschen an. Er steht an der Zeitenwende. Den Abstieg der Menschheit vom göttlichen Ursprung hat er mit vollzogen. Den Ertrag dieses Abstieges, den Eigenwillen, trägt er als ein Erster der göttlichen Welt im Opfer entgegen. Diese Sinneswandlung vollzieht er in sich und regt sie in den Mitmenschen durch die Wassertaufe an.

Von innen her, aus dem eigenen Menschsein wird nun die Erfahrung möglich: »Im Urbeginne war das Wort.« Aus dieser Erfahrung wird Johannes der Täufer der Wegbereiter für den Christus. In der Jordantaufe ermöglicht er die Inkarnation des Christus in Jesus. Die Werdekraft des Wortes wird sich nun aus dem Menschsein weiter entwickeln. »Durch das Wort ist alles geworden« wendet sich damit einem zukünftigen Schaffen zu.

Dieses zukünftige Schaffen will aber den freien Menschen mit einbeziehen. Darauf kann Johannes der Täufer seine Mitmenschen nur hinweisen. »Das Himmelreich ist nahe herangekommen« (Mt 3,2). Das Licht der Welt, das Wort, ist Mensch geworden. Darauf kann jeder Mensch nun selber aus seinem freien Willen eine Antwort geben.

Johannes der Täufer steht als ein Vorbild für die Verkündigung im priesterlichen Werden vor uns. Seine Seelenart kann für jeden eine Orientierung sein, der durch die Priesterweihe ein Diener des Wortes werden möchte. Die Vorbereitung zielt darauf hin, die Seelenkräfte empfänglich zu machen für das Wirken des Wortes: Im Aufblick zu seinem Ursprung im Göttlichen – im Durchlässigwerden für das Hereinwirken des Wortes aus dem Geistigen in das Sinnliche – in seiner Hingabe an die hörende Gemeinde, die darauf in freier Weise antworten kann.

In dieser Seelenstimmung kann der zu Weihende die Gabe zur Verkündigung in der Priesterweihe aufnehmen. Das Wort schafft sich im werdenden Priester selber sein Organ. In und durch das menschliche Sprechen kann das göttliche Wort wirksam werden. In dieser Gabe liegt die priesterliche Würde, die in der über den Nacken gelegten und vor der Brust gekreuzten Stola ihren kultischen Ausdruck findet.

IV.

Jarosław J.J. Rolka

Die modernen Menschen, die wir heute sind, tun sich mit dem Kultus der Priesterweihe und aller unserer Sakramente im Allgemeinen sehr schwer. Obwohl unsere Kultusformen sowohl ihrer inneren Gesinnung als auch der äußeren Form nach erneuerte Kultusformen sind, sind sie dem zeitgenössischen Bewusstsein erst einmal fremd. Die Kluft zwischen dem alltäglich-logischen Denken und dem der liturgischen Wirklichkeit zugrunde liegenden ist einfach manchmal zu groß.

Der moderne Mensch, wenn er sich im religiös-spirituellen Kontext unserer Zeit bewegt, will und muss und soll auch wissen, was seine Aufgabe sei. Was tut er da eigentlich? Daraus ergibt sich die Frage nach der Intention des Handelns der versammelten Menschengemeinschaft im religiösen Leben: Was für eine Aufgabe hat die Gemeinde bei dem Vollzug der Priesterweihe?

Die Aufgabe stellt sich in unterschiedlichen kultischen Handlungen auf verschiedene Weise. Die Menschenweihehandlung wird durch alle anwesenden Menschen gemeinsam vollbracht. Durch Priester, Gemeinde, durch alle Anwesenden. Natürlich mit gezielten Aufgaben als Ministrant, als Prediger, als Zelebrant, als Mensch, der sich in der Gemeinde befindet.

Bei der Trauung und bei der Priesterweihe ist die Aufgabe der Gemeinde eine andere. Die versammelte Gemeinde verbindet weder die beiden zu einer Ehegemeinschaft noch gibt sie dem Kandidaten die Kraft der Priesterweihe weiter. Die Gemeindeaufgabe besteht in beiden Fällen darin, ein waches, aufmerksames, dem Vollzug zugewandtes Bewusstsein miteinander zu bilden. Diese Art der Zeugenschaft bedeutet, zu bemerken, dass sich ein Mensch mit der geistigen Christuskraft verbindet – oder bei der Trauung zwei Menschen miteinander und mit Christus. Das bedeutet es, Ohren- und Augenzeuge eines geistigen Vorgangs in der Sinnenwelt zu werden. Johannes der Täufer ist bei der Jordantaufe ein echter Augenzeuge des hoch spirituellen Vorgangs gewesen, der am und durch Jesus Christus geschah. Durch ihn nahm die ganze Menschheit wahr, was bei der Jordantaufe passierte. Somit ist er auch ein Urbild für eine wache Gemeinde, die merkt, dass sich gerade der Himmel mit der Erde neu verbindet. Diese Fähigkeit nennen wir manchmal Geistesgegenwart, manchmal spirituelle Aufmerksamkeit. Oder manchmal sagen wir einfach: Präsenz im Jetzt. Die spirituelle Aufgabe der Gemeinde beim Kultus der Priesterweihe ist, Johannes der Täufer zu werden. Diese johanneische Qualität als Gemeinschaftsqualität zu bilden, gehört zum Vollzug des Kultus der Priesterweihe.

Das Andere, worüber wir als moderne, mit der irdischen Intelligenz begabte Menschen stolpern, ist die Tatsache, dass die Priesterweihe eine kultische, eine religiös-magische Handlung ist. Wenn sich das Unsichtbare mit dem Sichtbaren neu verbindet, entstehen immer magische Vorgänge. Sie werden aber zu *weiß*-magischen religiösen Handlungen, wenn sie den freien Willen des einzelnen Menschen respektieren. Im Respekt vor dem freien Willen des einzelnen Menschen liegt ein Teil der Erneuerungskraft des Kultus der Christengemeinschaft.

Es ist ein weißmagisches Element im kultischen Handeln, wenn ich es tue, weil ich es will, weil ich mich so entschieden habe – und nicht, weil mich ein irrationales System oder Kirchenrecht dazu zwingt. Mit dem freien Willen im religiös-kultischen Leben vereint sich das klare, denkende Bewusstsein (das nicht ausgeschaltet werden darf) zu der neuen modernen Magie, die wir vertreten, die umstritten, umkämpft in dieser Welt ist. Ich schalte mein denkendes, klares, aufmerksames Bewusstsein nicht aus, wenn ich im kultischen Vollzug mitwirke.

Es gibt bei der Priesterweihe den Augenblick, der sich der äußeren Wahrnehmung der Gemeinde entzieht. Was macht der Zelebrant mit dem Öl, wenn der Moment der Salbung kommt? Ein magischer Augenblick, den wir doch nicht direkt wahrnehmen können, weil die Entfernung zum Altar oft zu groß ist. Desto wichtiger ist es zu wissen, was der zelebrierende Priester dort tut: dass er mit dem heiligen Öl die Kreuze auf der Stirn und auf die Handrücken zeichnet und etwas von dem Öl über dem Haupt der zu Weihenden ausgießt. Dieses Öl wurde kurz zuvor geweiht. Wir nennen es die Substanzweihe. Wieder ein verborgenes, magisches Moment, an dem aber Ministranten und auch die Weihekandidaten als Zeugen mitwirken können.

Was passiert, wenn wir die Substanz dieser Welt, ein Tröpfchen Olivenöl, zurück zu der ursprünglichen Kraft führen, die ihm eigen war, bevor es Öl geworden ist, wenn wir mit ihm zu seiner seelisch-geistigen Realität zurückgehen? Bei dieser kurzen Ölweihe, die meistens in der öffentlichen Verborgenheit der Sakristei passiert, wird dieses Öl zurückgeführt zu einer Kraft, die der Liebe geneigt ist. Nicht zu der Liebe selbst, sondern zu der der Liebe zugewandten Kraft.

Das heißt, die durch die Ölweihe geweckte Kraft wird bei dem Vollzug der Salbung zum Träger der geistigen Christus-Kräfte, mit denen die Stirn- und Handrückenkreuze gezeichnet werden und die über dem Haupt ausgegossen wird. Eine geheimnisvolle, weißmagische Kultustat der Priesterweihe.

V.

João Torunsky

Eines Nachts hatte ich einen Traum:
Ich ging am Meer entlang mit meinem Herrn.
Vor dem dunklen Nachthimmel erstrahlten,
Streiflichtern gleich, Bilder aus meinem Leben.
Und jedes Mal sah ich zwei Fußspuren im Sand,
meine eigenen und die meines Herrn.

So beginnt das weltberühmte Gedicht »Spuren im Sand.« Die Dichterin Margaret Fishback Powers schildert in ihrer Schau ein Bild, das entsprungen ist aus dem Grundgefühl, im Leben nie verlassen zu sein, zu wissen, dass ER immer mit ihr wandelt: Überall am Meeresstrand sah sie zwei Fußspuren, die eigenen und die des Herrn.

Aber dann erkannte sie erschrocken, dass es doch Abschnitte gab, in denen nur eine Spur zu sehen war. Das waren aber gerade die schwersten Zeiten in ihrem Leben. Ratlos fragte sie: »Herr, warum hast du mich allein gelassen, als ich dich am meisten brauchte?« Und der Herr antwortet: »Dort, wo du nur eine Spur gesehen hast, da habe ich dich getragen.«

Das Gedicht hat in der Welt eine ungeheuer große Verbreitung erfahren, weil die Menschen wohl spüren, dass es wahr ist. Aus dem Spüren der Wahrheit dieser Worte kann die Sehnsucht entstehen, diese Tatsache nicht erst nach dem Tode zu erkennen, wenn wir alle auf unser Leben zurückschauen und die Fußspuren im Sand sehen werden. Wir können vielmehr versuchen, die Gegenwart des Herrn schon heute, jetzt, hier, in jedem Augenblick unseres Lebens zu fühlen. Das bedarf einer besonderen Aufmerksamkeit: zu merken das Unbemerkbare, zu fühlen das Unantastbare, zu hören das Unhörbare, zu finden im Ich den Diener, zu finden im Du den Herrn.

Die Worte, die wir in der Priesterweihe hören, werden zu dem werdenden Priester gesprochen, sie gelten aber dem Menschen, sie gelten jedem von uns:

> *»Wohin du gehst*
> *wandelt Christus mit dir,*
> *fühle stets seine Gegenwart.*
> *Vollbringe nichts ohne dieses Fühlen.«*

VI.

Gisela Thriemer

In der Priesterweihe gehen wir einen Weg durch die Festeszeiten des ganzen Jahres. Wir haben gesehen, wie das erste Gebet der Priesterweihe in der Stimmung des Advent beginnt, in Erwartung und Ergebenheit. Jetzt, gegen Ende der Weihevorgänge, fühlen wir, dass der Augenblick, in dem wir die Nähe und Gegenwart Christi in unser Bewusstsein aufnehmen dürfen, ein pfingstlicher Augenblick ist. Der »gott- und geisterfüllte« Mensch: Das ist der pfingstliche Mensch.

Im Kultus ist es ja so, dass alles, was durch Worte, durch Bild, durch Handlung geschieht, das Unsichtbares sinnlich-sichtbar macht. Nun gibt es in der Menschenweihehandlung Momente, in denen das Wort ganz zurücktritt, wo nur gehandelt wird, zum Beispiel, wenn nach den Einsetzungsworten die drei Kreuze über den Substanzen gezogen werden. Da wird es ganz still, da lebt und spricht die Tat. Drei Kreuze über Brot und Wein.

Dem ersten pfingstlichen Augenblick, in dem der zu Weihende aufgerufen ist, Christi Nähe und Gegenwart zu fühlen, folgt nun ein zweites pfingstliches Motiv: die Gemeinschaft. Hier wird es nun in der Priesterweihe ganz still, die geweihten Substanzen werden mit dem

Kelchtuch bedeckt, und der Zelebrant geht mit Brot und Wein, mit Leib und Blut Christi um die versammelte Priesterschaft herum.

Man hört vielleicht den Schritt in der Stille, und man erlebt: Priestergemeinschaft entsteht. Priestergemeinschaft als Urgemeinde wird sinnlich sichtbar gemacht durch das, was vor unseren Augen geschieht.

Darin liegt aber nicht eine Gebärde, die abgrenzen und ausschließen will. Und doch ist deutlich: Es wird so etwas wie eine Haut, wie eine Hülle um diesen Priesterkreis gelegt. Dieser Kreis der Urgemeinde muss sich aber Tag für Tag neu erbilden; er entsteht bereits durch die Angelobung, in der jeder Priester das Versprechen ablegt, die Beziehung zur geistigen Welt lebenslang zu pflegen. Und durch das Beten des Breviers wird die Wirklichkeit dieses Kreises täglich neu gebildet. Diese innere geistige Wirklichkeit wird durch den Kelchumgang sinnlich-sichtbar. Die durch Opfer und Wandlung hindurch gegangene Christus-Substanz wird vom Altar in den Umkreis getragen und bildet dort diese feine unsichtbare Haut. Jedes Mal, wenn neue Priester hinzukommen, öffnet sich der Kreis, und wenn Priesterkollegen sterben, erweitert sich der Kreis der Priester jenseits der Schwelle.

Die Christengemeinschaft begann mit einer ersten

Gemeindegründung, und das war die Gründung der Urgemeinde, der Priestergemeinschaft. Das ist aber tatsächlich nur der Anfang. Denn Priesterwerden geschieht immer für Menschen. Deswegen gibt es in der Christengemeinschaft auch kein Mönchstum, sondern Priesterwerden ist von Anfang an für die Menschen und die Erde da.

Von daher kann verständlich werden, das sich der zelebrierende Priester nach dem Kelchumgang an die Gemeinde wendet, mit den Worten: »Geliebte Christen.«

Das geht sehr zu Herzen. Es heißt nicht »Liebe Christengemeinschaft«, »Liebe Christen«, sondern »Geliebte Christen«. Wenn man das für sich einmal fühlt oder durchschmeckt, wie man in diesen Worten als Gemeinde angesprochen wird, spürt man den Ernst und die Verantwortung, die der Gemeinde mit den folgenden Worten zugesprochen werden.

Es tönt das große Wort der Liebe »Agape« da hindurch, das ganz besonders im Johannes-Evangelium vorkommt, z.B. bei der Frage des Christus an Petrus: »Liebst du mich?«

Ich glaube, dass wir spüren dürfen, dass wir alle in dieses Geliebtwerden immer mehr hineinwachsen können, uns immer wieder bewusst werden, dass wir auch von der geistigen Welt geliebt werden. Das zweite herausfordernde Wort bei dieser Anrede ist auch »Christen«.

Als ob wir das schon wären! Früher nannten sich die Christen »die auf dem Wege Seienden«. Sie waren unterwegs, durch Opfer und Wandlung hindurch, immer mehr diesem Wort »Christ« gerecht zu werden.

Mit dieser Anrede »Geliebte Christen« wird nun von der Kanzel her gesprochen und gesagt, dass der Geist unserer Gemeinschaft diese Seele oder diese Seelen bereits als Seelenhirte anerkannt hat.

Wer ist eigentlich dieser Geist unserer Christengemeinschaft?

Wer ist das Wesen, das unsere Gemeinschaft führt und inspiriert?

In der Apokalypse wird von den Engeln der Gemeinden gesprochen. In diesem Augenblick dürfen wir aber noch größer fühlen und nicht nur an einen konkreten Gemeindeengel denken. Der Geist der ganzen Christengemeinschaft hat diesen Kandidaten, diesen Priester, anerkannt. Und nun heißt es ganz schlicht: »Folget ihm in dieser Anerkennung.« Das ist offenbar ein Auftrag an die Priester und auch an die Gemeinde. Es ist nötig und wichtig, die Priester mit guten Gedanken zu begleiten. Durch unsere Bejahung und Anerkennung ermöglichen wir priesterliche Wirksamkeit. Das ist eine echte Tat.

In den irdischen und sozialen Verhältnissen der

Gemeinden merkt man ja manchmal, dass es nicht immer ganz einfach ist, diese Anerkennung wirklich aufzubringen und trotz menschlicher Konflikte diese erbetene Bejahung zu leisten. Es gibt ja unter Umständen Situationen und Taten, die man zu Recht kritisieren kann, die man selber anders machen würde, aber hier ist offenbar von einem Aspekt des Priestertums gesprochen, den man den Geweihten in dieser Weise nicht absprechen kann. Darum vielleicht diese Aufforderung: Was der Priester im Kultus spricht und tut, mögen wir anerkennen. Voraussetzung dafür ist, dass wir immer wieder zwischen dem im Kultus Handelnden und dem Alltags-Menschen mit all seinen Fehlern und Schwächen unterscheiden müssen. Darin liegt eine unglaubliche Herausforderung.

Die in der Priesterweihe ausgesprochene Kraft der Anerkennung, die in unserer Gemeinschaft, in der Mitgliederschaft, den Freunden der Gemeinde lebt, ist unendlich wichtig. Denn das moderne Priestertum ist auf dialogische Prozesse zwischen Priester und Gemeinde bezogen. Somit ist unsere ganze Christengemeinschaft mitverantwortlich dafür, dass die Wirklichkeit von Priesterwerden und Priestersein entstehen kann.

So wie Petrus durch das Erkennen des Christus und sein Bekenntnis zu ihm mit seinem »Du bist Christus«

die Christus-Wirklichkeit in der Welt stärkt, so können auch wir die Neugeweihten als geweiht anerkennen, ihnen unhörbar zusprechen: »Du bist Priester« und sie dadurch in ihrem Priesterwerden erkraften.

VII.

Christward Kröner

Ich möchte Ihnen erst einmal meine Anerkennung aussprechen, dass Sie so lange so intensiv zugehört haben. Ich hoffe, Sie haben noch ein bisschen Spannkraft übrig für den letzten Schritt, den wir machen wollen.

Wir alle haben ja eine Fähigkeit in die Wiege gelegt bekommen oder im Laufe des Heranwachsens entwickelt, nämlich, dass wir vorausdenken können. Das ist eine urmenschliche Fähigkeit. Wir können in die Zukunft denken und nennen das dann »Planen«.

Das ist das eine. Das andere ist: Wir können zurückblicken – auch eine urmenschliche Fähigkeit. Wir können uns fragen: »Was war denn?« und das dann anschauen. Das ist jedem von uns in die Wiege gelegt oder wir haben es im Heranwachsen entwickelt, und es ist zugleich ja in der Menschheit seit Urzeiten veranlagt und findet zum Beispiel seinen Ausdruck in diesen beiden besonderen Brüdern in dem alten Mythos der Titanen: Prometheus, der vorausdenkend Handelnde, in die Zukunft Blickende, der aktiv ist, und Epimetheus, der da sitzt, die Hand ans Gesicht legt und nachdenkt, reflektiert.

Wir haben diese Fähigkeiten bekommen, und wir können sagen: Das ist ein Abbild von dem, was im großen Zusammenhang jedes Mal stattfindet, wenn ein Erdenmenschenleben beginnt und endet. Denn vor der Geburt haben wir einen Vorausblick – nicht dass dann alles festgelegt wäre im Leben, dass es genauso kommen muss –, aber wir haben einen Vorausblick auf wesentliche Grundbedingungen der kommenden Erdenexistenz, und wir vergewissern uns unserer Impulse: Was wollen wir denn hereintragen in dieses Erdenleben?

Dann ist es die Frage: Erinnern wir das während des Lebens? Können wir uns willentlich dieser vorgeburtlichen Impulse bewusst werden? Das ist eine Schicksalsfrage. Vielleicht sucht man sein Leben lang danach. Aber da war etwas im Sinne des Prometheus, im Hinblick auf das Leben, in das wir eintreten. Und nach dem Tod? Da blicken wir zurück, ziemlich lang und ziemlich genau, ziemlich detailliert, in Freud und Leid dessen, was unser Leben im Zusammenwirken mit der Erde, mit der Menschengemeinschaft ausgemacht hat.

Wir können so etwas sehen wie einen Sonnenaufgang im Prometheischen. Das ist eine Sonnenkraft, die uns in die Zukunft führt, die etwas hervorbringt, was noch nicht da ist. Und auf der anderen Seite gewahren wir ein Mondenlicht der Reflexion, des Anschauens, des Beurteilens. Das eine steht am Anfang, das andere am

Ende unseres Lebens, wenn wir den Erdenplan wieder verlassen haben. Aber es kann sich natürlich auch in jeden Tag unseres Lebens hineinspiegeln, so dass wir uns am Morgen fragen: »Ja, was will ich denn an diesem Tag tun? Was nehme ich mir vor?« Und am Abend fragen: »Was ist geschehen? Was ist gelungen? Was ist nicht gelungen? Was ist mir widerfahren.«

Auch in jeden einzelnen Tag unseres Lebens wirken Sonne und Mond in unsere Seele in dieser Weise hinein.

Wie könnte es da anders sein, wenn es so eng mit dem Leben verbunden ist, dass es nicht auch im Sakrament seinen Widerhall finden würde? Sie alle kennen die ersten Worte der Menschenweihehandlung: »Lasset uns …« Ist das der Epimetheus? Nein! Das ist der Prometheus, das ist der Sonnenaufgang: Jetzt wollen wir etwas tun, in die Zukunft hinein, in dieser Stunde wollen wir Weihehandlung miteinander vollbringen. Ungeheuer knapp und kurz – und dann, so wichtig als Bewusstseinsvorgang am Ende der Weihehandlung: »Das war sie.« Wir schauen zurück, da ist der Mond, und dazwischen, zwischen Sonne und Mond, hat sich dieses ganze Lebensgeschehen, indem dann auch die Planeten und die Fixsternsphäre mitwirken, jedes Mal anders und jedes Mal neu offenbart und vollzogen. Da ist etwas geschehen zwischen Sonne und Mond, zwischen dem Vorausdenken und dem Reflektieren. Das kennzeichnet das bewusste Leben, den sich seiner Freiheit bewusst werdenden und sie immer bewusster ergreifenden Menschen. Denn, liebe Freunde, wenn wir nicht vorausdenken könnten und wenn wir nicht reflektieren könnten, wären wir dann wir selbst? Wie ist das mit unserer Identität, wenn wir uns nicht anschauen können wie von außen, wenn wir nicht etwas sinnvoll in die Welt hineinstellen können, wenn wir nur träumen würden? Denn träumend könnten wir das nicht. Dann wären wir gar nicht wir selbst. Das gehört zu uns, dass wir eine Identität entwickeln, diese Fähigkeit, in die Zukunft zu blicken mit einer Intention, mit einem Impuls, und die Fähigkeit zurückzublicken auf das, was gewesen ist, was wir getan haben.

So finden Sie das, wenn Sie genau schauen, in jedem Sakrament. Sie finden am Anfang etwas wie den Sonnenaufgang, wie den Entwurf dessen, was jetzt geschehen soll. Und Sie finden das am Ende, in einer Art Rückblick, wobei dieser Rückblick wie der große Rückblick, nachdem wir durch die Pforte des Todes gegangen sind, durchzogen ist von der Impulsbildung für ein neues Leben. Wir finden das im Sakrament auch, einen Rückblick, aber dann auch die Impulse, die aus diesem Rückblick in die Zukunft führen. Man kann sagen, da reichen sich diese Kräfte wieder die Hand, da löst das eine das andere ab. So ist es auch in der Priesterweihe. Am Anfang wird von dem Werden gesprochen, dass es jetzt geschehen soll, dass die Handlung ihren Fortgang nimmt, und ganz am Schluss kommen drei Gebete, drei Strophen, die da gesprochen werden, die blicken jetzt zurück in dem Sinne, dass ausgesprochen wird: Das ist jetzt geschehen. Merken Sie: Das ist diese Mondenqualität, wir reflektieren: Das ist geschehen. Und es wird zugleich ausgesprochen – ich sage es jetzt mit meinen Worten und im Anschluss an den Vortrag von gestern Abend, den Mathjis van Alstein gehalten hat –, dass es die große Frage ist oder die Bitte, dass diese Handlung, die geschehen ist, erfüllt gewesen sein möge von göttlicher Kraft und keine »Mumie« gewesen ist. »Nur wenn ...« – das taucht da dreimal auf –, nur wenn das, was geschehen ist, erfüllt ist von menschlich-göttlicher Kraft oder göttlich-menschlicher Kraft, dann wird es in die Zukunft hinein das Rechte bewirken. Der erfüllte Kultus, das erfüllte Sakrament. Wovon erfüllt? Von der Geistesgegenwart und von der Geistesoffenheit der Anwesenden.

Wir hatten dieses Motiv von der Öffnung des Willens, dass in unserem Willen ein anderer Wille wirksam werden möge – das bildet die Realität, die innere Bewegung, die dann die Form als sinnvoll erfüllt. Da ist dieses Gebet ganz unerbittlich: Nur wenn das in dieser Weise geschehen ist, dann wird es die rechten Früchte tragen, dann wird es in guter Weise in die Zukunft hinein wirken. Und dann kommt als Allerletztes, wie ein Appell, wie ein Aufruf an alle, die dabei sind, an die Priesterschaft im engeren Sinne, aber auch an alle, die Zeugen sind dieses Geschehens, zu gewärtigen, was jetzt aus dieser Stunde an Handlungen hervorgehen wird. Und da sehen Sie: Da leuchtet die Sonne schon wieder auf, da ist die Reflexion vorbei, da geht es um die Zukunft. Dass das begleitet sein möge von helfenden Gedanken derer, die das wahrnehmen, was dieser Mensch, der jetzt geweiht worden ist, in Zukunft als Priester tut.

Man kann es ganz kurz machen: Die Priester brauchen auch Fürbitte. Die Geweihten haben eine besondere Kraft verliehen bekommen, aber das ist ja nicht ihr Eigenes; sie haben eine Gnade verliehen bekommen, aber jede Gnade ist auch mit einem Risiko verbunden und überhaupt nicht mit der Garantie versehen, dass alles gut wird. Es ist ein Wagnis. Damit die Gnade in der rechten Weise wirksam werden kann, braucht es die fortdauernde Erneuerung und die Bemühung um Geistesgegenwart. Und es braucht dafür auch den Umkreis, der helfend darauf blickt. Nur so kann sie gedeihlich aus dieser Stunde der Weihe heraus in das weitere Leben des Priesters oder der Priesterin hinein wirksam werden.

Wir können also sagen: Da ist einerseits die Qualität des Sonnenaufgangs, da ist andererseits das Kräftewirken des Mondes, und dann, ganz am Ende, verglimmt das Mondlicht wieder, und es zeigt sich am Horizont schon der neue Sonnenaufgang, der das Handeln in die Zukunft hinein, in das Werden der Christengemeinschaft als Menschheitsgemeinschaft impulsieren möchte.

The Priest Ordination –
Seven Perspectives

I.

Oliver Steinrueck

When we look at the history of how the Christian Community liturgy came into being, a certain lawfulness related to the number seven becomes visible, indicating that from the beginning, there were supposed to be seven, and indeed, ended up being seven sacraments. How these seven sacraments emerged at the foundation of the Christian Community is an exciting story and very different for each one. We find in the histories of the individual sacraments a rich gamut of differences. Some of the wording already existed before the Christian Community fully came to earth – for example, the baptism was given to a Protestant pastor a year before the movement was founded – but ultimately, at the moment of the founding, the liturgy consisted of this unity of sevenness.

We will be concentrating here on the sacrament of the priest ordination. One year before the founding, in the fall of 1921, Rudolf Steiner met with a large group of theologians who had come together in Dornach to study anthroposophy's view of Christianity. The concrete initiative to found the Christian Community emerged from this work. In this course, Rudolf Steiner spoke about all seven sacraments, including the ordination. If you look at what he said back then, a year before the founding, you can discover a fascinating development.

He describes in the following way which elements belong to an ordination. First, it is important that it take place in the spirit of John 14, which speaks of Christ going to the Father. Furthermore, the sacrament should carry the whole mood of the event found in the 11th chapter of John, the story of Lazarus – that is, death and resurrection. This theme is namely a central one for becoming a priest. In addition, there is a description of an anointing rite, which is very important, especially for crossing the threshold into priesthood. The gospel is also read during this celebration, and a word must also be spoken by the candidate, with which he/she makes a vow. A »Yes, so be it« must also be uttered as part of the act. Robes – stoles and chasubles – are also handed over. As part of the ordination (it is not entirely clear how), the candidate priest is to speak words of consecration and perform the consecration in action. S/he will take communion. S/he is finally given a beretta, with which s/he can hold a first sermon, a trial sermon.

Following the candidates a little more closely on their journey to ordination and considering the elements surrounding ordination, one can see that while all of these elements are present at the founding in 1922 and also in our ordination today, they are not limited to the sacrament itself. They are all present, but spread over different performances before, during and after the ordination. The pathway of the candidates in the seminary can be summed up as the pathway of John 14: finding the all-encompassing divine through Christ. The candidate makes a vow a few days before the ordination, an act that has the character of going through a needle's eye – a kind of dying and being reborn, as one can experience in John 11 in the death and resurrection of Lazarus.

During the ordination itself, the anointing rites are performed, the stole and chasuble are received, the gospel is read, and the candidate also pronounces a »Yes, so be it.« Later, a beretta is given to the candidate; this takes place before the first celebration, in which the newly ordained priest carries out the Act of Consecration, indeed, the whole service. It is not until about a week after this event that s/he holds the first sermon - a kind of trial sermon. All of this comprises what can be called the »ordination process«.

A year after Rudolf Steiner's first presentation of the elements of ordination, the founders met again in Dornach – this time, a much smaller group of 45 pioneers. In this autumn period, just before Michaelmas, they learn that they will all be ordained, but they do not know how the event will proceed step by step; they know neither the composition of the elements, nor the form, nor the wording of the ordination. What took place then is clearly different from what was described a year earlier, but is nevertheless internally related. The sacrament was celebrated in the form that we know it today, which implies that something happened between the fall of 1921 and 1922. This is food for thought, and I've been living with this question for a long time: »How did this new form come to be revealed?« How is this related to Michael, who is named in our Michaelmas epistle as »the guardian before the hallowed offering«? Of course, he acts as a guardian not only during Michaelmas, but in every Act of Consecration. What happened in the founding – that the ordination to the priesthood did not become a sacrament in and of itself, but could come entirely from the Act of Consecration – was a new, Michaelic step. We can picture the Act of Consecration opening up and the ordination sacrament emerging from it as if from the windows or doors of the sacrament. I find it a truly Michaelic movement that the priest ordination emerged out of the holiest thing that has been entrusted to us in our movement for religious renewal.

The question of what is most sacred, what is most intimate, has always motivated the seekers of spiritual paths. In many religious movements one is permitted to go deeper into the hidden mysteries if one is inwardly mature enough. What exists in the Christian Community in this respect? Are there holier, deeper rites, celebrated perhaps only among priests, or only in the Circle of Seven, among the oberlenkers? No! Unlike the ancient mysteries, it is the nature of Christianity that the holiest thing take place publicly for the whole world. The holiest thing that we cultivate as a community of Christians is actually quite openly accessible to everyone in every Act of Consecration: the transformation of the bread and wine. The priest ordination thus emerged from between the parts of this foundational sacrament. For that to happen, I think Michael, the guardian of the sacred offering, has to be present.

Right in the middle of the priest ordination comes the Michaelic question to the candidates about earnestness. They are asked if they can feel it at this moment: »Do you feel the earnestness of the ongoing part of your becoming?« One can feel Michael's presence in this question, insofar as it is reminiscent of the Michaelmas epistle, which describes him as radiating earnestness, preparing the heart for »the gentleness of Christ«. The candidates respond: »Yes, so be it.« To this is added a big »yes, so be it« in reply, first by the celebrating priest, then by the server, and finally by the entire priesthood present in the room. This mutual »yes, so be it« brings a marriage element into the priest ordination: at this moment it is as if we are in a sacred wedding hall, in what is for us the holiest place/act, the Act of Consecration.

II.

Susanne Gödecke

An aspect of Christ's deed emerges in each festival season in the epistles (seasonal prayers). As a whole, they depict everything that is contained in the mystery of Christ, and this is supported by the mood of the colours in the respective festival period. As a total presence, but much more intellectually, this mystery is made visible in our credo, which is available to every member of the congregation to work with on a personal level. When the priest then speaks it at the altar, it can be heard resounding in every Act of Consecration, so that each individual can join in as he or she wants or is able to represent it.

At the beginning of the ordination, the candidates enter dressed like the priest when s/he is speaking the creed: with only an alb and girdle. This gives the picture that they represent the confession. One could conclude from this that their preparation for priesthood has enabled them to speak the confession.

In the ordination, another epistle is added to the cosmos of these seasonal prayers: it is the great foundational prayer of the priest ordination. This epistle characterises the developing human being who is ready to carry out the service at the altar. Wilhelm Kelber, one of the founders of the Christian Community, said »The priest is a human being by profession.« His/her future life is dedicated to this human calling to »become«. The celebrant prays this epistle after the respective seasonal prayer from the middle of the altar. It addresses the »eternal ground of all transitory existence«. Both levels are already addressed with these directions: we ourselves stand in that which is transient and look towards the Father, who in turn dispenses this sacrament from eternity, making it visible in our realm and capable of developing into the immortal. The prayer to Him states that we are all approaching Him. We are already familiar with this motif of approaching from the Offertory section of the Act of Consecration: through this impulse of lifting up and offering, we become those approaching Christ.

Just as one can say for the spiritual world that beings are as close or as distant from each other as they are inwardly, we, in our offering, come close to Christ as the being in the cosmos who ultimately personifies sacrifice. Here in the priest ordination, we draw near to the Father, which we can understand from the words in the sacrament describing us as being submitted to His will. This is a motif that we all know from the Lord's Prayer and perhaps primarily also from the sacrament of Confession, in which we are told that we can learn to receive our will as a gift of grace.

The second requirement for approaching Him involves waiting for His light. We see here an Advent motif – we feel ourselves standing in the darkness, and are here to await His light. This expectation, along with this devotion, is the impetus, so to speak, for us to draw near to Him. The Michaelmas epistle echoes this mood when it says that we are 'in true longing for salvation'. What is this longing? Maybe it is connected with this ability to expect what is coming to us from the future.

As the prayer continues, it requests that the Father allow the candidate who comes to him to become! What is amazing is that the priest-in-becoming is not assumed to 'become' out of himself, but that the Father is asked to *allow* that process. Whoever approaches Him may become a servant of the wisdom of the Word and a keeper (*Pfleger*) of His »world-healing ways«. To use the Greek equivalents, s/he is to become a deacon (*διάκονος* = servant, minister) and a therapist (*θεραπευτής*). This high ideal that is requested for the priest-in-becoming will only be realised in their future activity. As with every function that we take on, here too, it applies that we have to live it. For example, we are a godparent to the extent that we actively tend to our godchild. This means that a mandate for the future is beginning.

Then comes a threshold moment in the prayer, like in the Offertory when a wall is requested to hinder one's error from streaming around. In a similar manner, the Father Ground is requested to »hinder this act if they are unworthy of heart …«

A Michaelic earnestness can wash over you at these words, something like we also encounter in the Michaelmas epistle, when it says that the »rightly enkindled« fire of the heart is a prerequisite for the power of Christ. The use of »rightly« wakes you up. Here, the request for prevention, or hindering, makes you sit up and take notice. What does it mean to be unworthy of heart? Or likewise, what does it mean to become worthy – like we pray at the beginning of the Act of Consecration, that we might fulfil it »worthily«? The question of worth leads us back to the beginning of the initial prayer, about surrendering to the Father's will and awaiting His light.

After this dramatic moment, it goes on to say »…take them for servant and steward«. These priestly tasks of serving and nurturing – in order to proclaim the divine in the human word and to reveal God's will in human life – are mentioned again and again throughout the entire ordination. The priest is to carry out these tasks through Christ, who produces out of himself the power to become. One could say that as the sacrificial lamb, He is the essence of becoming. On the one hand, – and this is how the great prayer ends – in creating, Christ bears the eternal being of the Father. On the other hand, in becoming, He operates the eternal light of the Spirit. In this way, the prayer closes by echoing the motif of the end of the Michaelmas inserted prayer before the Offertory, where it's as if we hear a call from Michael that the light of heaven should continue to be fuelled by the work of the healing spirit in earthly humans.

III.

Stephan Meyer

The priest candidates receive gifts during the ordination. Early in the ordination, we hear the words, »You are hereby endowed with the power of priestly dignity.« This is a first gift that enables the priests-in-becoming to proclaim the gospels. But we can further ask: what type of gifts are received here? Rudolf Frieling clarified this when he said that the Act of Consecration forms those who will then consecrate [others]. This is evident from the fact that the ordination has been included in the Act of Consecration of Human Beings. That is to say, from the Act of Consecration come the forces which form the organs through which the priest can then him/herself bring about the Act of Consecration themselves. This follows the law of organ formation that Goethe also formulated with regard to the eye: »... and so the eye is formed by light, for light.«[1] Following this lead, we can now say in a modified way: The ceremonies that ordain the priests-in-becoming emerge out of the Act of Consecration *for* the Act of Consecration.

---

1   J. W. v. Goethe: *Zur Farbenlehre. Didaktischer Teil. Einleitung*

We can now clarify this with regard to the Gospel Reading. The prologue of John is a key text for looking into the formative power of the Word that makes the Gospel Reading possible. This prologue is the first Gospel Reading performed by the one being ordained. It speaks of the Word itself, announcing its origin, its development and where it is aiming. Knowledge about how the Word comes into being comes to us not only from the prologue to the Gospel of John; we also experience it from within, through our own efforts to understand the Word.

The prologue to John[2] begins with the words: »In the beginning was the Word, and the Word was with God.« It is in the nature of the Word that it points beyond itself and absorbs something of its divine origin. We also experience this characteristic of the Word in our everyday dealings with language. Every word is completely selfless and opens itself to receive something spiritual into itself. Every word is the bearer of a meaning.

This then leads further into the becoming of the Word, into a second phase, of which the prologue also speaks. »Nothing was created except through Him«: through the Word all things came into being. The Word

---

2 Joh 1,1-6

mediates the spiritual into the sense experience. Life emerges from this, and as a next stage of development, life in the human being becomes light. We also have an experience of this in how we use our own language: when we form a word, the word »takes on a body« in the particular mix of sounds, and in this process, we can perceive how the spiritual enters the sense world.

The Word then enters a third phase. In John's prologue it says: »And the light shines in the darkness.« By taking on a body, the Word enters the earthly realm and confronts us humans. This enables us to encounter it, for it now comes to us from the outside, which gives us the freedom to respond to it or not. On earth we – in our self-centredness – have turned the received light into darkness. This separates us from our divine origin, but at the same time gives us the possibility to consciously turn towards the divine out of our free will, as it comes towards us on earth. The divine Word itself creates the conditions for us to be able to respond to it from our humanity. As we work with our language, we can also become ever more attentive to how the word wants to realise itself in dialogue. After all, we speak in order to communicate with the other, while leaving our conversation partner free to respond to us of his or her own free will.

The person who begins this dialogue with the divine out of his innermost being in an archetypal way is John the Baptist. The prologue addresses him directly by name as the representative of humanity. He stands at the turning point of time. He helped complete mankind's descent from the divine origin, and is the first to offer the fruits of this descent, his own will, to the divine world in sacrifice. He carries out this change of heart within himself and stimulates it in his fellow human beings through water baptism. The experience of »In the beginning was the Word« now becomes possible from within, from one's own humanity. From this experience, John the Baptist becomes the forerunner for the Christ. He makes possible the incarnation of the Christ in Jesus through the baptism in Jordan. The Word's power to become will now continue to develop from within human beings. »Through the Word all things have become« thus indicates a future act of creation. This future creation, however, wants to include the free human being. John the Baptist can only point this out to his fellow human beings. »The kingdom of heaven has come near« (Mt 3:2). The light of the world, the Word, has become human. Every person can now respond to this out of his or her own free will.

John the Baptist stands before us as a model of proclaiming the gospel in the process of becoming a priest.

His character of soul can be an orientation for everyone who wants to become a servant of the Word through the priest ordination. The preparation aims to make the soul forces receptive to the work of the Word: in turning one's gaze to its origin in the divine; in one's efforts to become able to transmit the Word's influence from the spiritual to the sense world; and in one's devotion to the listening congregation, which can respond to that Word in a free way.

In this mood of soul, the person being ordained can receive the gift for reading the gospel that is bestowed during the priest ordination. The Word creates its own organ in the priest-in-becoming. The divine Word can become effective in and through human speech. In this gift lies the priestly worth, or dignity, which finds its cultic expression in the stole placed over the neck and crossed in front of the chest.

IV.

Jarosław J.J. Rolka

The modern people that we are today have great difficulty with the priest ordination ritual and all our sacraments in general. Although our forms of worship are renewed forms of worship both in their inner spirit and in their outer form, they are at first foreign to the contemporary consciousness. The gap between everyday logical thinking and that which underlies liturgical reality is at times simply too great.

The modern person, moving through the religious-spiritual context of our time, wants and needs to know what her/his task is. What is s/he actually doing? This leads to the question of the intention of the activity of the gathered community of people in the religious context. More specifically, what is the task of the congregation during the celebration of the priest ordination?

The task arises in different rituals in different ways. The Act of Consecration is performed by all the people present together – by the priest, the congregation, by all those present. Of course, each has a specific task, such as the altar server, the one giving the sermon, the celebrant, and the members of the congregation seated in the pews. At both the wedding and the priest ordination, however, the task of the congregation is different than in other sacraments. The gathered congregation neither joins the couple in a marriage union nor ordains the candidate for priesthood. In both cases, the congregation's task is rather to form an alert, attentive awareness with one another, turned towards the celebration of the sacrament. This kind of witnessing means noticing that a person connects with the spiritual Christ-force – or in the case of the marriage ceremony, that two people connect with each other and with Christ. This is what it means to become an ear- and eye-witness to a spiritual process in the sense world. John the Baptist, at the Baptism at the Jordan, was a real eyewitness of the highly spiritual process that took place in and through Jesus Christ. Through him, all humanity perceived what happened at the Baptism. He thus also serves as an archetype for an awake congregation that notices that heaven is being reconnected with earth. This ability we sometimes call presence of mind, sometimes spiritual awareness, or sometimes we simply call it »being in the here and now«. The spiritual task of the community in the priest ordination is to become John the Baptist in this sense. Forming this Johannine quality as a communal quality is part of the consummation of the priest ordination.

The other thing that we, as modern people endowed with earthly intelligence, stumble over is the fact that the ordination of a priest is a cultic, a religious-magical act. When the invisible connects anew with the visible, magical processes always arise, but when they respect the free will of the individual, they become *white*-magical religious acts. In the respect for the free will of the individual human being lies part of the renewing power of the rituals of the Christian Community. There is a white-magical element in cultic action when I do it because I want to, because I have decided so, and not because an irrational system or church law forces me to. With free will in religious-cultic life, the clear, thinking consciousness – which must not be switched off – unites to form the new modern magic we represent, which is contested, fought over in this world. I do not switch off my thinking, clear, attentive consciousness when I participate in the ritual celebrations.

There is a moment in the priest ordination that is beyond the external perception of the congregation: What does the celebrant do with the oil when the moment of anointing comes? It is a magical moment that we cannot perceive directly because the distance to the altar is often too great. It is all the more important to know what the celebrating priest is doing there – that he »draws«

crosses with the holy oil on the forehead and on the backs of the hands of the person being ordained, and then pours some of the oil over his/her head. This oil had been consecrated just before this moment through a process that we call the consecration of substance – again, a hidden, magical moment, but one in which altar servers and also the candidates for consecration can participate as witnesses. What happens when we take a substance of this world, a droplet of olive oil, and lead it back to the original force that was its own before it became oil? What happens when we go back with it to its soul-spiritual reality? In this brief consecration of oil, which usually happens in the public secrecy of the sacristy, this oil is led back to a force that is inclined towards love. Not to love itself, but to the force inclined towards love. That is to say that during the anointing, the power awakened by the consecration of the oil becomes the bearer of the spiritual Christ-forces with which the crosses on the forehead and back of the hand are drawn and which is poured over the head – a mysterious, white-magical ritual act of the priest ordination.

V.

João Torunsky

One night I dreamed a dream.
I was walking along the beach with my Lord.
Across the dark sky flashed scenes from my life.
For each scene, I noticed two sets of footprints
in the sand,
one belonging to me and one to my Lord.

This is how the world-famous poem »Footprints« begins. The poet Margaret Fishback Powers describes in her vision an image that arose from the basic feeling of never being abandoned in life, of knowing that He always walks with her: everywhere on the seashore she saw two sets of footprints, her own and those of the Lord.

Then she was shocked to realise that there were sections where there was only one track visible, precisely during the hardest times in her life. Perplexed, she says to the Lord, »I just don't understand why, when I need You most, You leave me. The Lord then answers, When you saw only one set of footprints, it was then that I carried you.«

The poem has spread tremendously throughout the

world because people must feel that it is true. From feeling the truth of these words can come the longing not to recognise this fact only after death, when we will all look back on our lives and see the footprints in the sand. Rather, we can try to feel the presence of the Lord already today, now, here, in every moment of our lives. This requires special attention: to notice the unnoticeable, to feel the intangible, to hear the inaudible, to find the servant in the I, to find the Lord in the Thou.

The words we hear in the ordination are spoken to the priest-in-becoming, but they apply to each one of us:

Wherever you go,
Christ walks with you.
Feel ever his presence.
Do nothing without this feeling.

VI.

Gisela Thriemer

In the priest ordination we walk a path through the festival seasons of the whole year. We have seen how the first prayer of ordination to the priesthood begins in the mood of Advent, in expectation and surrender. Towards the end of the ordination process, we feel that the moment when we are allowed to take into our consciousness the closeness and presence of Christ is a Whitsun moment. The »God- and Spirit-filled« person: that is the Whitsun person.

In our service, everything that is done through words, through images, and through action, makes what is invisible visible in the world of the senses. There are moments in the Act of Consecration in which the word recedes completely, where only action takes place – for example, when the three crosses are drawn over the substances. There it becomes completely silent; it's the action that lives and speaks in that moment – three crosses over bread and wine.

The first Whitsun moment, in which the person to be ordained is called to feel Christ's nearness and presence, is now followed by a second Whitsun motif: community. This is when it becomes completely silent in the ordination; the consecrated substances are covered with the chalice cloth and the celebrant walks around the gathered priesthood with the bread and wine, the body and blood of Christ. One may hear his/her step in silence and experience how the priestly community comes into being. The priestly community as an original, archetypal congregation is made visible.

This is not a gesture that aims to separate and exclude; we can imagine it more like a skin, like a permeable membrane that is being placed around this circle of priests. This circle of the original congregation, however, has to be formed anew day by day; it comes into being already through the vow that each priest makes to cultivate the relationship with the spiritual world his/her whole life long. Through the praying of the breviary, the reality of this circle is then formed anew every day. This inner spiritual reality becomes physically visible through the circumambulation with the chalice. The Christ-substance that has passed through the Offertory and Transubstantiation is carried from the altar into the circumambulation and forms this fine, invisible membrane that opens each time new priests join; when fellow priests die, the circle of priests beyond the threshold expands.

The Christian Community began with the founding of the first congregation, namely, the first community of priests. That was, however, really only the beginning, for one becomes a priest for the sake of humanity. That is why there is no monasticism in the Christian Community; instead, from the very beginning, its priesthood has been oriented to the service of people and the earth.

It is therefore understandable that the celebrating priest turns to the congregation after the chalice with the words: »Beloved Christians«. This is very heartfelt. It is not »Dear Christian Community«, nor »Dear Christians«, but »Beloved Christians«. If you feel into this for yourself, or really savour how you are addressed in these words as a congregation, you feel the seriousness and the responsibility that will be attributed to the congregation with the following words.

The great word of love – *agape* – resounds throughout it, a word that occurs especially in the Gospel of John, for instance in Christ's question to Peter: »Do you love me?« I believe that we can all grow more and more into this state of being *beloved* – that we can again and again become aware that we are loved by the spiritual world. The second challenging part of this address is that we are called »Christians«, as if we were that already! In the past, Christians called themselves »those on the way«. They were on their way, through sacrifice and transformation, to fulfil the true meaning of the word »Christian«. With this address, »Beloved Christians«, words are now spoken from the pulpit, saying that the spirit of our community has already recognised this soul (or these souls) as a shepherd(s) of souls.

Who is this spirit of our Christian Community? Who is the being that guides and inspires our movement? The Apocalypse speaks of the angels of the churches, but in the context of the ordination, we may imagine something beyond an angel for a concrete congregation. What is meant is that the spirit of the whole movement of the Christian Community has recognised this candidate, this priest-in-becoming, and now it says quite simply, »Follow him in this recognition«. This is obviously a mandate to the priests and also to the congregation. It is necessary and important to accompany the priests with good thoughts. Through our affirmation and recognition, we make the effectiveness of the priest possible. This is a real deed.

We sometimes notice that in the earthly, social context of the congregations, particularly in the face of human conflict, it's not always easy to muster this recognition and give this requested affirmation. Under certain circumstances there are situations and deeds that one can justifiably criticise, and certainly things that one would do differently oneself; but in this case, it is obviously about an aspect of the priesthood which one cannot deny to the ordained one. Therefore, perhaps the idea is that regardless of differences that arise, we recognise and affirm the priest's speech and action in his/her celebration of the sacraments. The prerequisite for this is that we must always distinguish between the person who celebrates the sacraments and the everyday person with all his or her faults and weaknesses. This is an incredible challenge.

This force of recognition expressed in the priest ordination should ideally live in our community – in the congregation members as well as the friends of the congregation. It is infinitely important, for the modern priesthood is related to dialogical processes between priest and congregation. This implies that our entire Christian community is co-responsible for fostering the reality of the priesthood of those who already are – as well as those who are just becoming – priests. Peter strengthened the reality of Christ in the world by recognising and confessing the Christ when he pronounced the words »You are Christ«. In the same way, we, too, can recognise the newly ordained as consecrated and

thereby strengthen them in their priestly becoming, by
inaudibly pronouncing to them »You are priest«.

VII.

Christward Kröner

First of all, I would like to express my appreciation to you for listening so intensively for so long. I hope you still have a bit of capacity left for the last step we want to take.

There is an ability that we are all born with or develop as we grow up, and that is the ability to think ahead. This is a primeval human ability: we can think into the future and call it »planning«. That is one thing. The other is that we can look back – also a primal human ability – we can ask ourselves, »What happened?« and then look at it. We are all born with this dual ability, or we develop it as we grow up. It has been part of humanity since time immemorial and is expressed, for example, in the ancient myth of the two Titan brothers: Prometheus, who thinks ahead, actively looks to the future, and Epimetheus, who sits with his face in his hands, thinking, reflecting. We have been given both these faculties, and we can say that this is a reflection of what takes place in a wider context every time an earthly human life begins and ends. Before birth we have a foresight – not that everything is then fixed in life, that it must happen in exactly that way – but we have a foresight into basic, essential conditions of our upcoming earth existence, and we double check our impulses: What do we want to bring into this earthly life? Then the question is: »Do we remember this during life?« Can we willingly become aware of these prenatal impulses? That is a question of fate. Perhaps one searches one's whole life for that Promethean impulse. And after death? Then we look back, quite long and quite precisely, quite in detail, into the joys and sorrows, into all that our life has been about in interaction with the earth, with the human community.

In the Promethean impulse we can see something like a sunrise. It is a solar power that leads us into the future, that brings forth something that is not yet there. On the other side, we see moonlight, which is qualitatively more related to reflection, looking, or judging. One is at the beginning, while the other is at the end of our life, when we have left the earthly plane again. It can, of course, also be reflected in every day of our life, such that in the morning we ask ourselves: what do I want to do today? What do I intend to do? And in the evening, we ask: »What happened? What succeeded? What did not succeed? How did it change me?« The sun and moon have this effect on our souls every single day of our lives.

Considering how closely this duality is connected with life, naturally we can also expect to find its echo in the sacrament. You all know the first words of the Act of Consecration: »Let us ...« Is that Epimetheus? No! That is Prometheus, that is the sunrise: Now we want *to do* something, oriented to the future; in this hour we want to perform an act of blessing together. It's surprisingly brief – and then, so importantly as a process of cultivating awareness, it ends with these words: »Thus it has been.« In this moment, this moon-moment, we look back. In between the sun and the moon, this whole life event, in which the planets and the fixed star sphere also participate, has revealed itself and taken place differently each time, each time anew. Something has happened between the sun and the moon, between thinking ahead and reflecting. This characterises the conscious life, and the human being who becomes aware of his freedom and grasps it ever more consciously. For, dear friends, if we could not think ahead and if we could not reflect, would we be ourselves? What about our identity if we cannot look at ourselves as if from the outside, if we cannot put something meaningful into the world, if we were only dreaming? Because we couldn't do that if we were dreaming. Then we would not be ourselves at all. It is essential to us that we develop an identity – this ability to look into the future with an intention, with an impulse, and the ability to look back at what has been, at what we have done.

If you look closely, that's what you find in every sacrament: you find something like a sunrise at the beginning, like an outline of what is about to happen, and you find a kind of retrospect at the end. This retrospect, like the great retrospect after we have passed through the gate of death, is permeated with the impulses that go into forming a new life. We also find this retrospect in the sacrament, but then also the impulses that lead from this reflective moment into the future. One can say that these forces join hands again, that one replaces the other.

It is the same in the priest ordination. At the beginning, a *becoming* is spoken of, that it should now happen, that the ordination should proceed. Likewise, at the very end, there are three prayers, three stanzas that are spoken, which then look back as if to say *this has now happened*.

Notice this lunar quality of reflecting on what has taken place. At the same time, the great question or the request here – I am saying it now in my own words, yet taking the image from last night's lecture given by Mathijs van Alstein – is that what has taken place may have been filled with divine power and not have been a »mummy«.

»Only if ...« is repeated three times: *only if* what has taken place is filled with human-divine power or divine-human power will it then bring about the right thing in the future. The sacrament must be fulfilled – fulfilled by what? The presence of mind and the openness of mind of those present. We heard this motif earlier of the opening of the will, which was about another will becoming effective in our own will – this submission to a higher will forms the reality, the inner movement, which then fills the form with meaning. This prayer is quite adamant: *only* when it happens in this way will it bear the right fruit – only then is it able to work in a good way into the future.

Last but not least, we hear an appeal to all who are present – to the priesthood in the narrower sense, but also to all who are witnesses of this event – to anticipate what actions and services will now come out of this hour. With this, you can see that the sun is already shining again, that the reflection is over and the future is at hand. May this be accompanied by the helping thoughts of those who perceive what this priest-in-becoming will do as a priest in the future.

In other words, priests also need intercession. The ordained have been given a special power, but it is not their own; they have been awarded a grace, but every grace is also connected with a risk and doesn't at all come with the guarantee that everything will be all right. It is a gamble. In order for grace to be effective in the right way, it needs constant renewal and the cultivation of presence of mind. It also needs a circle of people who look on – witness – in a helpful way. Only in this way can it flourish from this hour of ordination into the further life of the priest.

Thus, we can say, on the one hand, there is the quality of the sunrise, and on the other hand, there are the forces of the moon. Then, at the very end, the moonlight fades again and on the horizon appears the new sunrise already, stimulating future-oriented activity and supporting the Christian Community to become a community for humanity.

Oliver Steinrueck

- geboren 1961 in Toronto
- aufgewachsen im Camphill Copake (New York)
- Green Meadow Waldorf-School
- Master in Geschichte
- 1989 Priesterseminar Stuttgart
- 1992 Priesterweihe
- Arbeit in den Gemeinden Freiburg i. Brsg., Chicago, San Francisco und Spring Valley
- 2000–2019 Lenker für die Christengemeinschaft in Nordamerika
- seit 2019 Oberlenker im Siebenerkreis

Susanne Gödecke

- geboren 1971 in Hamburg/Deutschland
- Kindheit ab dem 4. Lebensjahr in Hannover, Jugendzeit in Stuttgart
- nach dem Abitur ein Jahr Praktikum in der Gemeinde in São Paulo/Brasilien
- 1992–1994 Studium am Priesterseminar Stuttgart
- 1994–1996 Biologiestudium (Vordiplom) in Göttingen
- 1997 Priesterweihe
- 1997–2001 Pfarrerin in Überlingen
- 2001–2012 Pfarrerin in Kiel

- seit 2012 Pfarrerin in Berlin-Wilmersdorf und bis 2021 in der Filiale Havelhöhe (mittlerweile eine eigenständige Gemeinde)
- seit 2021 zusätzlich Mitglied im Siebenerkreis
- seit 1992 jährlich Ferienfreizeiten im Rahmen des Verbandes der Sozialwerke der Christengemeinschaft
- verheiratet mit Markus Gödecke

Stephan Meyer

- geboren 1957 in Hannover
- Besuch der Freien Waldorfschule in Hannover
- Ausbildung zum Landwirt
- Besuch des Priesterseminars in Stuttgart
- 1983 Empfang der Priesterweihe
- 1983 – 2003 Gemeindetätigkeit in Heidenheim und Stuttgart-Mitte
- 2003 – 2010 Lenker in Württemberg
- seit 2010 Mitarbeit im Siebenerkreis, lenkerliche Begleitung für die Arbeit in der Ukraine
- 2012 – 2020 Mitarbeit in der Seminarleitung im Priesterseminar Stuttgart
- seit 2020 Lenker für die Region Mittleres Europa

Jarosław J. J. Rolka

- geboren 1962 in Krakau (Polen)
- studierte Literatur und Pädagogik
- Studium am Stuttgarter Priesterseminar
- 1994 Priesterweihe
- Gemeindetätigkeit in München-West und Bochum
- seit 2003 Lenker der Christengemeinschaft in Westdeutschland
- seit 2008 Mitarbeit im Siebenerkreis

João Torunsky

- 1956 geboren in Brasilien
- Ausbildung zum Computer-Programmierer
- Ingenieur-Studium Maschinenbau (vier Semester)
- 1977 Begegnung mit der Anthroposophie
- 1980 Studium am Priesterseminar Stuttgart
- 1985 Priesterweihe
- Tätigkeit als Gemeindepfarrer in Reutlingen, Ulm, Esslingen und Stuttgart
- 2010–2015 Lenker in der Region Württemberg
- 2015–2021 Lenker in der Region Südamerika
- 2021 Berufung in den Siebenerkreis
- seit Juni 2021 Erzoberlenker

Gisela Thriemer

- geboren 1954 in Stuttgart
- Waldorfschule Stuttgart Uhlandshöhe
- Studium in Tübingen: Biologie und Geschichte für Lehramt
- 1982 Priesterweihe, seitdem Gemeindepfarrerin in Darmstadt
- 2006 – 2013 in der Seminarleitung des Priesterseminars Stuttgart
- seit 2013 im Siebenerkreis und Lenkerin der Nordischen Region

Christward Kröner

- geboren 1963
- nach der Schule einige Jahre Studium der Musik und der Medizin
- 1987 Priesterseminar in Stuttgart
- Weihe 1990
- seither als Gemeindepfarrer tätig in Johannesburg, Bremen und Hamburg
- einige Jahre in der Seminarleitung am Priesterseminar in Hamburg
- seit 2005 Mitarbeit in der Leitung der Christengemeinschaft (Siebenerkreis)
- seit 2007 als Oberlenker
- 2021 lenkerliche Verantwortung für Russland

Oliver Steinrueck

- born 1961 in Toronto
- grew up at Camphill Copake (New York)
- Green Meadow Waldorf School
- Master in History
- 1989 Seminary Stuttgart
- 1992 ordination to the priesthood
- Worked in the parishes of Freiburg i. Brsg., Chicago, San Francisco and Spring Valley
- 2000 - 2019 Lenker for the Christian Community in North America
- since 2019 Oberlenker in the Circle of Seven

Susanne Gödecke

- born 1971 in Hamburg
- childhood from the age of 4 in Hanover, youth in Stuttgart
- after graduating from high school, one year internship in the parish in São Paulo/Brazil
- 1992 – 1994 Studies at the Stuttgart Priest Seminary
- 1994 – 1996 Biology studies (pre-diploma) in Göttingen

- 1997 ordination to the priesthood
- 1997 – 2001 Parish priest in Überlingen
- 2001 – 2012 Parish priest in Kiel
- since 2012 pastor in Berlin-Wilmersdorf and until 2021 in the Havelhöhe branch (now an independent parish)
- since 2021 additionally member of the Circle of Seven
- since 1992 annual holiday camps in the framework of the Association of Social Works of the Christian Community
- married to Markus Gödecke

Stephan Meyer

- born 1957 in Hanover
- attended the Free Waldorf School in Hanover
- training as a farmer
- attended the Priest seminary in Stuttgart
- 1983 ordination to the priesthood
- 1983 – 2003 Parish work in Heidenheim and Stuttgart-Mitte
- 2003 – 2010 Lenker in Württemberg
- since 2010, collaboration in the Circle of Seven, guidance for the work in Ukraine

- 2012 – 2020 Worked in the seminary leadership in the Stuttgart seminary
- since 2020 Leader for the region of Central Europe

Jarosław J. J. Rolka

- born 1962 in Krakow (Poland)
- studied literature and pedagogy
- studied at the Stuttgart seminary
- 1994 ordination to the priesthood
- parish work in Munich-West and Bochum
- since 2003 leader of the Christian Community in West Germany
- since 2008 Collaboration in the Circle of Seven

João Torunsky

- 1956 born in Brazil
- trained as a computer programmer
- studied mechanical engineering (four semesters)
- 1977 encounter with anthroposophy
- 1980 Studies at the Stuttgart Priest Seminary
- 1985 ordination to the priesthood
- Worked as parish priest in Reutlingen, Ulm, Esslingen and Stuttgart

- 2010 – 2015 Lenker of the Württemberg Region
- 2015 – 2021 Lenker in the South America Region
- 2021 Appointment to the Circle of Seven
- since June 2021 Erzoberlenker

Gisela Thriemer

- born 1954 in Stuttgart
- Waldorf School Stuttgart Uhlandshöhe
- Studied in Tübingen: Biology and History for teaching profession
- 1982 ordained priest, since then parish priest in Darmstadt
- 2006 – 2013 in the leadership of the Stuttgart Priest Seminary
- since 2013 in the Circle of Seven and Lenker of the Nordic Region

Christward Kröner

- born 1963
- studied music and medicine for a few years after school
- 1987 Priest Seminary in Stuttgart
- ordination in 1990
- since then active as parish priest in Johannesburg, Bremen and Hamburg

- several years in seminary management at the Priest Seminary in Hamburg
- since 2005 collaboration in the leadership of the Christian Community (Circle of Seven)
- since 2007 as Oberlenker
- 2021 Lenker responsibility for Russia

Weiterführendes

Wenn dieser Band Ihr Interesse geweckt hat, können Sie die Reihe der LOGOS-edition weiter verfolgen, Informationen über die Christengemeinschaft online finden, unsere Zeitschriften lesen oder die Beiträge der Tagung als Podcast anhören.

Die LOGOS-edition im Verlag Urachhaus

Bereits erschienen:

1. Mathijs van Alstein: *Die Zukunftskraft des Unvollendeten / The Promise of the Unfinished*
2. Georg Soldner: *Der Heilungsimpuls im Lukas-Evangelium / The Healing Spirit in the Gospel of Luke*
3. Michaela Glöckler: *Virtuelle und spirituelle Wirklichkeiten / Virtual and spiritual Realities*

Als Nr. 5 der Reihe wird voraussichtlich in der zweiten Märzhälfte folgende Vortragsnachschrift über den Buchhandel erhältlich sein: Claudio Holland: *Soziale Auswirkungen sexueller Übergriffe / Social Impact of Sexual Violence*

Sammelbestellungen können direkt über den Verlag erfolgen: vertrieb@urachhaus.com; Tel.: (+49) 0711 28532-32

Folgende Autorinnen und Autoren haben ebenfalls zugesagt, ihre Vortragsnachschriften für den Druck in der LOGOS-edition zu bearbeiten: Lisa Devine, Michael Debus, Jean-Michel Florin, Volker Harlan, Philip Kovce, Johannes Stüttgen, Tom Tritschel.

Die Tagung

Viele Informationen zur Tagung LOGOS – Consecrating Humanity finden Sie auch weiterhin auf der Tagungs-Website:

https://cg-2022.org/wp/

Die Podcasts vor und nach der Tagung

Hören Sie auch in die spannende Podcastreihe zur Tagung und zur Zukunft der Christengemeinschaft hinein. Die Logos Podcast Initiative hat am 22. Februar 2021 ihren ersten Podcast online gestellt.

Es sind als Vorbereitung der Tagung insgesamt 20 Podcasts von ungefähr 22 Minuten veröffentlicht worden, in deutscher und englischer Sprache.

Logos-Podcast: https://soundcloud.com/user-895241549

Die Christengemeinschaft – Bewegung für religiöse Erneuerung

Weitere allgemeine Informationen über die Christengemeinschaft finden Sie auf diesen Websites:

https://christengemeinschaft.de/

https://christengemeinschaft-international.org/

Zeitschriften

Es gibt Zeitschriften der Christengemeinschaft in unterschiedlichen Sprachen, z. B.:

»Die Christengemeinschaft – Zeitschrift zur religiösen Erneuerung«:

https://www.urachhaus.de/Zeitschriften/Die-Christengemeinschaft.html

»Perspectives«, England

http://thechristiancommunity.co.uk/PVS-test/portfolio-items/perspectives-2005/

»In beweging«, Niederlande

https://christengemeenschap.nl/in-beweging/

Paulus Fonds für religiöses Schrifttum

Wir danken dem Paulus Fonds der internationalen Christengemeinschaft für die finanzielle Förderung der LOGOS-edition. Zuwendungen sind dort herzlich willkommen:

Bankverbindung:
Die Christengemeinschaft in Deutschland
IBAN: DE16 8502 0500 0003 6204 00
BIC: BFSWDE33DRE

Further Information

If this book has piqued your interest, you can continue to follow the LOGOS-edtion series, find information about the Christian Community online, read our magazines, or listen to the conference contributions as a podcast.

The LOGOS-edition published by Verlag Urachhaus

Already published:

1. Mathijs van Alstein: *Die Zukunftskraft des Unvollendeten / The Promise of the Unfinished*
2. Georg Soldner: *Der Heilungsimpuls im Lukas-Evangelium / The Healing Spirit in the Gospel of Luke*
3. Michaela Glöckler: *Virtuelle und spirituelle Wirklichkeiten / Virtual and spiritual Realities*

As No. 5 of the series, the following lecture transcript is expected to be available through bookstores in the second half of March: Claudio Holland: Soziale Auswirkungen sexueller Übergriffe / Social Impact of Sexual Violence

Collective orders can be placed directly with the publisher: vertrieb@urachhaus.com; Tel.: (+49) 0711 28532-32

The following authors have also agreed to edit their lecture transcripts for printing in the LOGOS-edition:
Lisa Devine, Michael Debus, Jean-Michel Florin, Volker Harlan, Claudio Holland, Philip Kovce, Johannes Stüttgen, Tom Tritschel.

The conference

You will continue to find a lot of information about the LOGOS – Consecrating Humanity conference on the conference website: https://cg-2022.org/wp

Podcasts – before and after the conference

You can also listen to the exciting podcast series about the conference and the future of the Christian Community. The Logos Podcast Initiative launched its first podcast online on February 22, 2021. A total of 20 podcasts of about 22 minutes have been published in preparation for the conference, in German and English. Logos podcast: https://soundcloud.com/user-895241549

The Christian Community – Movement for religious Renewal

You can find more general information about The Christian Community on these websites:

https://christengemeinschaft.de/

https://christengemeinschaft-international.org/

https://www.thechristiancommunity.org/

https://www.thechristiancommunity.net/

http://www.thechristiancommunity.co.uk/

Magazines

The Christian Community magazines are available in different languages, e.g.:

»The Christian Community« – Journal for Religious Renewal (in German)

https://www.urachhaus.de/Zeitschriften/Die-Christengemein-schaft.html

»Perspectives« – from the Christian Community in England

http://thechristiancommunity.co.uk/PVS-test/portfolio-items/perspectives-2005/

»In beweging« – from the Christian Community in the Netherlands«

https://christengemeenschap.nl/in-beweging/

Paulus Fund for Religious Literature

We would like to thank the Paulus Fund of the international Christian Community for the financial support of the LOGOS-edition. Financial contributions to the fund are welcome any time.

Bank details:
Die Christengemeinschaft in Deutschland
IBAN: DE16 8502 0500 0003 6204 00
BIC: BFSWDE33DRE

Druck:
CPI Druckdienstleistungen GmbH
im Auftrag der
Zeitfracht GmbH
Ein Unternehmen der Zeitfracht - Gruppe
Ferdinand-Jühlke-Str. 7
99095 Erfurt